DAS GRAB IST LEER

Texte zu Ostern

Adlerstein Verlag

Jesus spricht zu Dir:
„Ich bin die Auferstehung und das Leben.
Wer an mich glaubt, der wird leben,
ob er gleich stürbe;
und wer da lebt und glaubt an mich,
der wird nimmermehr sterben.
Glaubst du das?"
nach Johannes 11, 25-26

Inhalt

Seite

Vorwort   5

Das Grab ist leer   7

Ostern – Was ist das? (von Klaus P. Fischer)   9

Das Osterlicht   17

Hoffnung auf Lebenden (von Franz Georg Friemel)   19

Zu den Autoren   55

Vorwort

Vor einigen Tagen bekam ich eine Mail von Arthur Elser.
Der Künstler aus Heilbronn wollte mich überraschen mit
seinen Bildern, die er zu Ostern erstellt hatte.
Besonders gefiel mir sein Gemälde mit dem Text:

„Der Stein ist weg, das Grab ist leer!"

Das berührte mich sehr und gerade in den vier Worten
„Das Grab ist leer" erkannte ich eine hohe Bedeutung.
Dazu hat Arthur Elser mit dem Lichtstrahl in seinem Bild
einen großartigen Akzent gesetzt. Das leere Grab zeigt,
dass der Tod keinen Inhalt, keine Bedeutung mehr hat.
Er ist durch Jesus Auferstehung endgültig besiegt.

Das offene Grab lässt auch Licht herein. Nun kann Jesu
Liebe seiner frohen Botschaft endlich in den Bereich der
Toten hinein scheinen. Ostern ist zur großen Zeitenwende
aller Menschen geworden, so sehen es gläubige Christen.

Mit diesen Überlegungen wurde ich angeregt, dieses
Buch mit Texten zu Ostern herauszugeben.

Mögen diese den Leser zum Osterfest erfreuen.

Braunschweig, im März 2025   *Hans-Jürgen Sträter*

*Das Grab ist leer
und Licht ist eingedrungen,
das leuchtet sehr -
Freiheit wurde errungen.*

*Das Grab ist leer,
Christus ist auferstanden.
Tod herrscht nicht mehr,
der Herr löst Sündenbanden.*

*Das Grab ist leer,
du kannst mit Jesus leben,
darum erklär
dem Nächsten unser Streben.*

Hans-Jürgen Sträter

OSTERN – WAS IST DAS ?
von Klaus P. Fischer

Jahr um Jahr befragen Meinungsforscher die Leute der Straße – stets mit gleichem Ergebnis: Kaum jemand weiß oder kann erklären, was Ostern bedeutet, was der Gehalt und Bedeutung dieses Festes sind.

Auch getaufte Christen?

Jugendliche, befragt, welche Teile aus dem kirchlichen Glaubensbekenntnis über Jesus sie verstehen und bejahen, konnten nur diese Fragmente nennen: *gekreuzigt, gestorben und begraben.*

Damit hatten sie kein Problem, es entsprach der Welt, die sie kannten – unserer Welt, in der wir leben, die wir erleben: blutige Konflikte mit vielen Todesopfern, Unfälle, Krankheiten, Seuchen – und schluchzende Menschen vor Bahren und Gräbern.

Eine traurige Realität.

Deshalb - so der Gedanke der jungen Leute - wird das auch für Jesus so gewesen sein.

Aber "auferstanden von den Toten"?

Wer – fragen die Skeptiker – *wer* ist denn schon wiederge-kommen von den Toten? Aus dem Grab? Vom Jenseits?

Selbst wenn sie könnten – mögen manche Leute denken –, werden sie, die Toten, doch nicht wiederkommen wollen in diese von Hass, Schmerz und Leid durchzogene Welt.

Komm bloß nicht wieder! beschwor *Charlie Chaplins* Tochter ihren tot daliegenden Vater vor der Kamera: *Die Welt ist immer noch so grausam wie zu deiner Zeit!*

Wir Christen sind manchmal seltsame Leute: leicht geneigt, solche Art Resignation von Zeitgenossen zu teilen – aus "Mitleid" oder eigenem "Untrost" ...

In Umfragen, in manchen Gesprächen unter vier Augen verraten sie, dass sie an Jesu Auferweckung von den Toten – wie "die anderen" – *nicht* glauben. Und mancher, der vom Leben "viel gesehen" hat und "sich nichts mehr vormacht", fühlt sich schließlich zu müde, zu ausgelaugt, zu depressiv, um der Osterbotschaft zu glauben: *"Die Botschaft hör` ich wohl, allein mir fehlt der Glaube"*! Und die Kraft dazu ...?

Und Prediger, selbst hohe Würdenträger predigen lieber über Jesu "wunderbare Menschlichkeit" und über die sozialen Gebote des Christentums als über die Auferstehung Jesu von den Toten.

Hier waltet eine auffällige Scheu und Verschwiegenheit.

Und wir? Sind wir fähig und bereit, Menschen, die uns über das Osterfest befragen (vielleicht unsere Kinder, vielleicht Verwandte, Bekannte, vielleicht kranke, alte Menschen), "Rechenschaft zu geben über die Hoffnung", die in uns leben will, die österliche Hoffnung (vgl. 1Petr 3,15) ?

Wenn wir es nicht wissen (nicht wissen, wo wir stehen; nicht wissen, ob wir glauben), lasst uns dem Zeugnis der frühen Kirche, dem Zeugnis der ersten Zeugen nachspüren.

Das Oster-Evangelium redet sehr nüchtern. Von der Frau, die am Leichnam trauern möchte und den Verschluss-Stein davor nicht mehr vorfindet. Sie denkt, man habe den Leichnam entfernt und woanders abgelegt. Sie berichtet davon zwei Jüngern, die erschrocken hineilen, das Grab leer finden und glauben ... der Sorge der Frau, dass jemand Jesu Leichnam fortgenommen habe.

Nur so etwas können sie glauben, "denn sie verstanden noch nicht die Heilige Schrift, die sagt, er müsse von den Toten auferstehen".

Hier stoßen wir auf die Bedeutung der *Bibel* für ein Verstehen dessen, was mit Jesus geschah.

Näheren Aufschluss gibt die Erzählung von den zwei Jüngern auf dem Weg nach Emmaus (Lk 24, 13-32).

Diese Zwei stehen für alle anderen, für die der Fall klar war: mit Jesu Tod am Kreuz war alles aus, wieder eine Hoffnung auf Israels Befreiung begraben. Darum bewegen die Zwei sich fort von Jerusalem, fort von der Stätte des Todes, vom Grab ihrer Hoffnungen.

Die Bewegung, die Jesus entfachte, ist in Auflösung begriffen.

Doch in ihrer Betrübnis machen die Zwei eine seltsame Erfahrung. Mit ihnen – fort vom Tod und den Gräbern – geht jemand ohne Namen: ein Unbekannter.

Aber es ist einer, der Anteil nimmt an ihrer Trauer, ihrer Hoffnungslosigkeit; gar einer, der die Heilige Schrift auszulegen versteht; der argumentierend zeigen kann, dass der Weg des erhofften Messias, des gottgesandten Erlösers nicht in militärische Triumphe führt, sondern *in Leiden mündet* – und dass dies der *ganz andere Weg Gottes* und seines Heils-Denkens ist.

Mit diesem Begleiter und seinen erklärenden Worten wird den deprimierten Wanderern warm ums Herz: sie spüren, wie das Dunkel, das über ihrem Schicksal liegt, anfängt sich aufzuhellen.

Doch noch ist der Todesschatten nicht gelichtet, noch macht er ihr Herz schwer.

Daher, als es Nacht wird, können sie nicht anders, als den unbekannten Weggefährten zu bitten, noch über Nacht bei ihnen zu bleiben.

In Gemeinschaft mit jemandem wie ihm lässt sich das Schwere, Dunkle leichter tragen und bestehen.

Und als er in nächtlicher Gemeinschaft fortfährt, mit ihnen zu teilen: nicht nur das Wort, auch die Wegzehrung, das Brot, da wurden ihre Augen "geöffnet" (von ´oben`) und sie erkannten ihn.

Denn – heißt es weiter – *er war da* –"unsichtbar"-, *war da* "weg von ihnen", *war da* ungreifbar*, mit ihnen zu Tisch, *erkennbar* nur beim, am Brotbrechen, am Teilen.

Das Erkennen hatte aber schon begonnen, "als er auf dem Weg uns die Hl. Schrift eröffnete". Jetzt erleben sie eine Nähe, ein Mitsein Jesu ganz anders als vor seinem Tod: *da* und gleichzeitig *weg, fort*. Jesus realisiert eine Nähe, die das Herz erwärmt, aber nicht körperlich greifbar ist.

So brechen die beiden auf, zurück nach Jerusalem, finden die Elf miteinander (statt zerstreut in alle Winde), zueinandergeführt aufs Neue von dem geheimnisvoll mitgehenden, sich offenbarenden Jesus: des selben, der gekreuzigt worden war.

Ohne diese die Hl. Schrift deutend-erklärende Lebendigkeit dieses Jesus wäre der Jüngerkreis, wie viele ähnliche Zusammenrottungen, einfürallemal zerfallen, wäre dem Gekreuzigten nachgestorben. Der Jüngerkreis war ja tot (angedeutet in dem Wort "heute ist schon der dritte Tag, seit dieses [die Kreuzigung] geschehen ist"); er wurde

---

*Im griech. Text wird in Lk 24,30 das Brotbrechen Jesu eingeleitet mit καὶ ἐγένετο (kaì egéneto). Nur die Luther-Übersetzung beachtet die Wendung u. übersetzt "und es geschah". Tatsächlich handelt es sich bei dem Ausdruck um die griech. Wiedergabe des hebräischen *wa jᵉhi = er war da* aus dem Schöpfungstext Gen 1, beruhend auf der Selbstvorstellung Gottes vor Mose: "Ich werde dasein als Der, der da ist" (*ehje ascher ehje*: Ex 3,14). Bei Lk ist der Ausdruck Hinweis darauf, dass Israels Bundesgott sich im Brechen u. Teilen des Brotes quasi 'blicken lässt' *im Vorübergehen* (Ex 33,19-24; vgl. Mk 6,48 Par), im Akt, da der Fremde den zwei Jüngern das Brot bricht: *er (Jesus) ist da ! Er war da.... im Vorüber* gehen.

durch die undenkbare Begegnung mit "dem Lebenden" mit-auferweckt vom Tod.

Dass die Begegnungen mit dem *lebenden Gekreuzigten* nicht ´auf dem Mist` der Jünger gewachsen waren, bezeugt *Lukas* an anderer Stelle: *Gott selbst* – dargestellt durch den *Engel* – hat es eröffnet, hat die Hl. Schrift neu verstehen gelehrt: vorab durch (offiziell nicht zeugnisfähige) Frauen, mittels ihrer durch Männer, die aber erst bekehrt werden mussten mit Hilfe eines Vorwurfs "Was sucht ihr den, der lebt, bei den Toten?!" (Lk 24,5).

Sie mussten umdenken, weil sie dem "Lebenden" begegneten, ohne ihn greifen, fassen zu können. Aber wie?

Durch die Erfahrung, dass der Gekreuzigte unter ihnen da, gegenwärtig ist, dass er sein neues Leben mit ihnen teilt: sein Vertrauen auf und in den "Vater", seine Weisheit, seine Heilkraft, seine Menschenliebe: alles, was er in früheren Tagen war, sagte, tat, teilt er jetzt mit ihnen oder unter sie aus, bewegt die Jünger, alte und neue, *sein* Leben zu leben.

Ihnen geht auf: sie setzen nicht ihr altes Leben fort, *sie sind in neues Leben eingetreten*, sind *mit ihm* auferstanden, mit-auferstanden in das neue Leben; tragen in sich den Keim eines Lebens, dem der physische Tod nichts anhaben kann: ein neues Leben von *neuen Menschen*, fähig zu Liebe, Hingabe, Versöhnung, die Grenzen übersteigt.

Leben wir Christen als österliche Menschen? Oder trauen wir der österlichen Wirklichkeit nicht, versammeln uns wie die frühen Jünger hinter verschlossenen Türen? Fehlt uns der österliche Wagemut, versinken wir wie Petrus in den Wogen von Angst, Todesangst?

Doch Ihn, der über die Wogen der Angst zu uns kommt, dürfen wir anrufen: Er hilft uns auf und stellt uns auf die schwankenden Beine (nicht ohne unseren Mut anzustacheln). Seine Einladung an den vor den Wasserwogen zaudernden Petrus wiederholt er auch uns: *Komm! Komm!*

(aus „Glaube lehrt sehen", Klaus P. Fischer, Adlerstein Verlag 2025)

Das Osterlicht, so hell und rein,

leuchtet in unser Herz hinein.

Es möchte heute Hoffnung geben

auf Herrlichkeit und ewig Leben.

Hoffnung auf Leben
von Franz Georg Friemel

Zum Geleit

Als Christen bekennen wir mit unserem Glauben an Gott und an Jesus Christus auch den Glauben an das „ewige Leben". Da klingen unsere Worte so, als bestünde zwischen dem einen und dem anderen eine unauflösliche Einheit. Heutige Meinungsforscher sagen uns aber, nicht einmal die Hälfte der befragten Christen in Deutschland glaube so an ein „Weiterleben" nach dem Tod, wie es nach den üblichen Vorgaben von ihnen erwartet wird. Selbst diejenigen, die treu am Glauben und am Leben mit ihrer Kirche festhalten, würden in dieser Hinsicht anders als früher von Fragen und Zweifeln bedrängt. Sogar von einem Papst – Johannes XXIII – wird berichtet, er habe am Grab seiner Schwester nicht nur gebetet, sondern auch vor sich hin gesagt: „Wehe uns, falls alles nur eine Illusion ist!"

Der diese Worte mithörte, war darüber erschrocken, hat sie aber dann als den Hintergrund einer „gewöhnlichen Menschlichkeit verstanden, vor dem Glaube umso heller erstrahle. Erkennen vielleicht auch wir selbst uns als heutige „gewöhnliche Menschen" in solchen Berichten wie in einem Spiegel? Der Autor der folgenden Seiten, Franz Georg Friemel, weist dazu einen Weg, aus seiner langjährigen Erfahrung als Pastoraltheologe und als Helfer zum Glauben, in behutsamen Schritten, wie es dem „verborgenen Grund" allen Lebens, dem Urgeheimnis Gottes entspricht, auf das sie hin führen sollen, in „Andeutungen von Andeutungen" zu einer „Ahnung der

Ahnung", wie sie uns aus unserer „Hoffnung auf Leben" und den Erfahrungen, die wir als Menschen machen, aufgehen kann.

Dem Verleger Hans-Jürgen Sträter ist dafür zu danken, dass er sich des Drucks und der Verbreitung dieser kleinen Schrift angenommen hat.

Den Autor, meinen lieben Freund aus langem gemeinsamen Wirken, wird ihr „Erscheinen" daran erinnern, wie seine Gedanken und Worte bisher schon wie von geheimnisvollen Adlerflügeln getragen Menschen erreicht und zu Begegnungen geführt haben, die er selbst nicht kannte und an die er vorher nie gedacht hatte. Beiden darf ich herzlich wünschen, es möge sich durch das, was der eine geschrieben hat und der andere jetzt „verlegt", diese wunderbaren Fügungen fortsetzen, die Menschen helfen, in der Welt von heute Glaubende zu werden oder zu bleiben.

Ostern 2012   Siegfried Hübner

Inhalt   Seite

1. Unser Verständnis von Lebenserhalt   22

2. Was die Bibel zum Leben sagt   23

3. Leben im Verständnis des Johannesevangeliums   26

4. Jesus Christus als Angebot des Lebens   27

5. Präsentische Eschatologie   29

6. Leben jetzt – wie soll das aussehen?   33

7. Leben im Angesicht Gottes   35

8. Vorstellungshilfen   36

9. Zeit und Ewigkeit   38

10.   In Bildern und Rätseln   40

10.1. Das Paradies und die Stadt Gottes   40

10.2. Der Gesundheit wird man nicht überdrüssig   41

10.3. Loben und Preisen   42

10.4. Abgrund der Herrlichkeit   44

10.5. Glück   45

10.6. Liebe   47

Anmerkungen   53

Zu den Autoren   55

1. Unser Verständnis von Leben

Im Laufe der Geschichte des Denkens wurde nicht zuerst das „Leben" (groß geschrieben als Verbalnomen) oder „leben" (klein geschrieben als Verb) thematisiert, sondern der Tod. Leben fand der nachdenkliche Mensch in der umgebenden Welt und in der eigenen Existenz vor. Aber das Ende seines individuellen Lebens und die Frage, was danach kommt, waren rätselhaft. Leben als etwas Vorgefundenes und zunächst Unbefragtes verstand sich damit irgendwie von selbst.

Später erst – z.B. bei Aristoteles – machte man sich Gedanken darüber, was „Leben" sei, für ihn wurden die Begriffe „Substanz" (hypokeimenon), „Seele" (psyche) und „Ziel" (telos) wichtig für das Verständnis des Lebendigen, gleichsam „lebens"- wichtig.

Leben erscheint als eine aus der anorganischen Natur nicht ableitbare Kraft, die aber gewisse materielle (chemische, physikalische, physiologische) Voraussetzungen hat. Leben ist ein Prinzip des höheren Seins.

Unsere Alltagsmeinung über Leben dürfte dem geschichtlich ersten Nachdenken der Menschen über das Leben nicht ganz fern stehen. Wir würden heute sicher noch den Austausch mit der organischen und anorganischen Umgebung (Stoffwechsel) zu den Lebenskennzeichen zählen, dazu noch Bewegung und Ortsveränderung, Unterschiedenheit von Anderen (Individualisierung) Empfindlichkeit auf „Reize", auf Schmerz, sicher auch die Möglichkeit der Lebenserhaltung durch Fortpflanzung.

Zum Leben scheint aber auch eine Art Zentrum zu gehören, ein Innenbereich, von dem her dieses Lebendige sich gestaltet, eine Art „Seele".

Das Entscheidende aber, was nach der Alltagsmeinung Lebendiges ausmacht, ist der Gegensatz zum nicht, noch nicht Lebendigen oder zum nicht mehr Lebendigen, also zum Toten. Leben ist die höhere Qualität von Sein. Ethisch kommt Alles darauf an, es nicht nur zu bewahren, sondern Ehrfurcht davor zu haben, denn alles Lebendige ist gefährdet.

„Ihr sollt leben", kann in einem ersten Verständnis heißen: „Ihr sollt nicht dem Tode verfallen. Ihr sollt bleiben." Dabei realisieren wir noch nicht, dass Leben mehr ist als nicht tot sein, sondern unzähliger Abstufungen und Steigerungen fähig ist.

Mit dem Begriff „Leben" ist es ähnlich wie mit dem Begriff „Zeit", von der der heilige Augustinus gesagt hat: „Wenn man mich nicht fragt, was Zeit ist, weiß ich es. Wenn man mich fragt, weiß ich es nicht" Jeder von uns weiß, was Leben ist, aber erklären kann es Keiner.

2. Was die Bibel zum Leben sagt

Es kann kein Zweifel daran bestehen, dass die Bibel ein Buch des Lebens und der Gott, den Christen anbeten, ein Gott des Lebens ist. Das gilt nicht nur für das Neue

Testament, sondern auch schon für das Alte Testament, das die Geschichte Gottes mit den Menschen auf den Messias hin erzählt. Obwohl bis zum Buch Daniel nicht über ein individuelles Leben nach dem Tod nachgedacht wird, beginnt schon mit dem Baum des Lebens im Paradies der Blick auf den rettenden Gott. Es setzt sich fort in den Rettungsgeschichten etwa des Noach, des Josephs von Ägypten, der Richter oder der Judit. Die Psalmen sind voll des Lobes über den Gott, der Leben gewährt: „Du gibst mich nicht der Unterwelt preis, du lässt deinen Frommen das Grab nicht schauen" (Ps 16,10). Der Mann, der nicht dem Rat der Frevler folgt, ist „wie ein Baum, der an Wasserbächen gepflanzt ist." (Ps 1,3).

Der Beter flüchtet sich zu Gott, „damit mir niemand wie ein Löwe das Leben raubt" (Ps 7,3). „Blick doch her, erhöre mich, Herr, mein Gott, erleuchte meine Augen, damit ich nicht entschlafe und sterbe", heißt es im 4. Vers des 13. Psalms.

Das Weisheitsbuch weiß dann, dass „die Seelen der Gerechten in Gottes Hand sind" (3,1) und dass „Gott den Tod nicht gemacht" hat und „keine Freude hat am Untergang der Lebenden", denn „zum Dasein hat er alles geschaffen" (Weish 1,14).

Wir könnten nun das AT weiter lesen und würden merken, dass die Stimme des Lebens bei den Propheten immer deutlicher wird. „Deine Toten werden leben, die Leichen stehen wieder auf; wer in der Erde liegt, wird erwachen und jubeln", sagt – man möchte sagen – singt Jesaja (26,14).

Und Ezechiel lässt Gott sprechen: „So wahr ich lebe – Spruch Gottes, des Herrn – ich habe kein Gefallen am Tod des Schuldigen, sondern dass er auf seinem Weg umkehrt und am Leben bleibt" (Ez 33,11).

Das NT füllt diese Andeutungen des AT aus und erfüllt sie in Jesus, dem Christus. In seinen Worten und in seinen Taten zeigt er sich nicht nur als Freund des Lebens, sondern als tatkräftiger Retter des Lebens, schon des Lebens in dieser Welt, wie wir an den drei Totenerweckungen sehen, vor allem aber in seiner Auferstehung. Er überwindet den Tod, so dass Paulus im Rückblick auf die Auferstehung an die Gemeinde von Korinth schreiben darf: „Tod, wo ist dein Sieg, Tod, wo ist dein Stachel?" (1 Kor 15,55). In besonderer Weise verbindet *Johannes* den Begriff „Leben" mit Jesus. Das vierte Evangelium ist voll von „Lebensworten".

Gleich am Anfang redet er vom Gott des Lebens und gibt damit sein Thema an: „In ihm [Gott] war das Leben" (1,4), vom Gott des Lebens hat der, welcher in sein Eigentum kam, „Kunde gebracht" (1,18). Er ist „Weg, Wahrheit und Leben" (14,19); „er hat Worte des ewigen Lebens" (6,68); „er ist die Auferstehung und das Leben" (11,25); „sein Auftrag vom Vater ist ewiges Leben" (12,50).

Ein kurzer Satz aus dem Beginn der Abschiedsrede des Herrn ist wie ein Programm. Es lautet: „Ich lebe, und auch ihr sollt leben" (Joh 14,19). Es handelt sich bei diesen Worten im Abendmahlssaal um „letzte Worte" eines Menschen, die uns besonders wichtig sind. Wenn wir dann noch die Johannesbriefe mit bedenken, bekommen wir eine Fülle von Worten des Lebens: Worte *über* das Leben und Worte, *mit* denen wir leben können.

3. Leben im Verständnis des Johannesevangeliums

Es scheint zu den grundlegenden Erfahrungen des menschlichen Lebens zu gehören, dass es gefährdet ist. Davon erzählen nicht nur die Märchen oder die Kriminalromane, sondern auch die Werke der großen Literatur. Sie erzählt oft, wie jemand diese Spannung besteht, sei es nun Odysseus oder Don Quijote.

Aber auch die Philosophie denkt über sie nach. Zum Wesen des Menschen gehört es, lebenshungrig zu sein. Es ist offenbar ein anthropologischer Grundbestand. Der platonische Sokrates sieht sich im „Gastmahl" genötigt, die Eros-Tendenz des Menschen, sein Suchen nach Steigerung des Lebens zu erklären. Er verweist auf die mythologischen Eltern von Eros: „Er stammt nämlich „von einem weisen und wohlgeratenen Vater und von einer unwissend ratlosen Mutter, vom Sohn der Klugheit, Schafferat und der Bettlerin Armut."

Der Evangelist des Lebens setzt ebenso voraus, dass es eine Sehnsucht nach Leben gibt, eine Grundbewegung des Menschen zum wahren, zum reicheren Leben, zum „Leben in Fülle" (Joh 10,10).

Von der Unvollkommenheit und der Not der Menschen gibt uns das Johannes-Evangelium immer wieder Stichworte. Zur Ausgangssituation des Menschen lesen wir

Begriffe wie „Finsternis" (1,5; 3,9), er kann das Licht nicht begreifen.

Wir lesen „Fleisch", das keine Zukunft hat, ohne Geist (3,6). Der Mensch hat eine Tendenz zum Bösen (vgl. 3,19; 7,7). Er ist und redet „irdisch" (3,31); er ist „krank" (4,46; 5,6; 6,2); er ist „in den Gräbern" (5,28); er hat Hunger (6,5-14); er befolgt das Gesetz nicht (7,19). Es kommt noch schlimmer: Die Menschen haben den Teufel als Vater (8,44); sie sind Lügner (8,55), aber sie hängen an dieser Art Leben (12,25); sie hassen Jesus und den Vater (15,24). Der Evangelist ist aber in Jesus, dem Christus, dem Leben begegnet.

Am Ende seines Evangeliums bringt er deshalb sein Anliegen noch einmal zur Sprache. Er hat „das alles", das ganze Evangelium, aufgeschrieben, damit seine Leser zum Glauben kommen, dass Jesus der Messias und der Sohn Gottes ist und dass sie durch den Glauben das Leben haben (20,31). Dieses Schlusswort nimmt den Gedanken vom Anfang des Evangeliums wieder auf, in dem es im Vers 4 heißt: In ihm, das heißt im Fleisch gewordenen Wort, war das Leben.

4. Jesus Christus als Angebot des Lebens

Der Not- und der Katastrophen-Situation dieser das Leben einschränkenden Welt tritt das „Wort", der Sohn, entgegen: als Brot des Lebens, als Licht der Welt, als Tür, als der gute Hirte, als Auferstehung und Leben, als Weg, Wahrheit und Leben und als der wahre Weinstock. Es handelt sich hier um die so genannten „Ich-bin-

Worte", die einen Anklang haben an den uralten Gottesnamen „Ich bin der Ich-bin" oder „Ich bin da". Es sind nicht verschiedene Gaben des Lebens, sondern Variationen des einen Themas, welches lautet: Jesus ist gekommen, damit die Menschen das Leben haben und es in Fülle haben[1].

Die Not der Menschen kann sich als Hunger darstellen, als Hunger in einem weiten Sinn, als Hunger nach Anerkennung, Hunger nach Sinn, Hunger nach Liebe. Es handelt sich immer um Lebenshunger.

Hunger bedroht das Leben. Jesus stillt den leiblichen Hunger der Leute am See von Tiberias in überschwänglicher Weise (6,1-15). Wer ihn im Glauben erfasst, erkennt ihn als Brot des Lebens.

Oder: Der Mensch, der seinem Leben keinen Sinn abgewinnen kann oder den Sinn verloren hat und nicht mehr weiß, was seine Existenz auf diesem Planeten soll, erfährt Jesus als Licht der Welt.

Oder: Wer keinen Ausweg sieht, wer sich physisch oder psychisch zugesperrt fühlt, vertraut darauf, dass der einen Ausweg weiß, der sich als „die Tür" bezeichnet hat. Oder: Der gute Hirte wird den Zusammengebrochenen tragen.

Viele Menschen hat die bekannte Geschichte getröstet, in der Jemand im Traum seinen Lebenswege mit Gott an einem Strand geht; er überprüft die nebeneinander verlaufenen Spuren und stutzt:

Immer dann, wenn es ihm schlecht ging, war nur *eine* Spur zu sehen.

Er stellt Gott zur Rede, denn er vermutet, an diesen Stellen habe Gott ihn allein gehen lassen.

Gottes Antwort lautet: In Deinen schlimmen Zeiten habe ich Dich getragen[2].

Oder: wenn wir hören: „Ich bin die Auferstehung und das Leben", kommt die Todeslinie in den Blick und der Trost, dass das Ende des Lebens ein Anfang sein kann. Dem, der sich „Weg, Wahrheit und Leben" nennt, kann man sich im ganz gewöhnlichen Alltag anvertrauen. Oder: Der wahre Weinstock bietet Fruchtbarkeit und die Gemeinschaft der Erlösten.

5. Präsentische Eschatologie

Wo ist nun diese Todeslinie, an welcher Stelle findet der Transit vom hiesigen, in vieler Hinsicht einge-schränktem, Leben ins „wahre", „neue", „ewige" Leben statt, ins Leben, das nur Leben ist, in ein Leben in der Fülle Gottes?

Eine Antwort auf diese Fragen lautet: Wenn wir gestor-ben sind, schenkt uns Gott das Ewige Leben. So wird auch manchmal am Grabe gepredigt. Diese Antwort wird manchmal – wenn ich das so sagen darf – „nach unten", ins nicht mehr Christliche abgemindert, wenn es zum Beispiel heißt: Mit dem Tod ist „nicht alles aus". So dürfte nicht gepredigt werden.

Eine differenziertere Antwort lautet: Das neue Leben kann erst dann beginnen, wenn alle Reste von Egoismus, Hass, Lüge und Unlauterkeit, überhaupt alle Sündenreste in der Liebe Gottes weg gebrannt sind, wenn dieser Torso von Gottes Geschöpf, das da die Todeslinie überschritten hat, durch die Begegnung mit dem heiligen Gott wirklich und ansehnlich und geläutert in die Welt Gottes passt.

Manche evangelische Theologen sprechen von einem „Ganztod" des Menschen. Er ist wirklich tot, vergangen und „Nichts", aber Gott schafft ihn ganz neu.

Johannes hat eine andere Auffassung, bzw. er sieht den Beginn des neuen Lebens radikaler. In seiner Sicht handelt es sich nicht um ein Lebensangebot für später, für ein Leben *nach* dem Tod. Es geht gerade bei Johannes bei dem Begriff „Leben" nicht um Hoffnung auf eine spätere Existenz.

Johannes hat eine – wie die Exegeten sagen – präsentische Eschatologie. Das heißt: Was einmal sein wird, ist jetzt schon der Fall.

Die Erhöhung Christi, die wir – aber auch die anderen Evangelisten – mit der Auferstehung und Himmelfahrt Christi verbinden, geschieht bei Johannes schon am Kreuz. Sie nimmt Jesus ernst, der – schon in der Nähe seiner Passion – sagt: er werde, wenn er am Kreuz „erhöht" ist, alle zu sich ziehen (vgl. 12,32; 8,28). Ein anderes Beispiel für diese Eschatologie, die schon die Gegenwart bestimmt, finden wir im Gespräch mit Martha (11,20-27). Martha glaubt, wie man im Judentum glaubt, nämlich an eine Auferstehung „am letzten Tag". Jesus sagt ihr: „Ich bin die Auferstehung und das Leben. Wer an mich glaubt, wird leben, auch wenn er stirbt. Und jeder, der an mich glaubt und stirbt, wird auf ewig nicht sterben."

In dieser „Eschatologie schon jetzt" verliert die Todeslinie an Bedeutung.

Bultmann sagt in seinem berühmten Kommentar, der Tod sei für die Gläubigen „wesenlos geworden, jedoch nicht so, dass er deshalb ignoriert werden könnte, weil ihr irdisches Leben in sich gerundet und sinnvoll wäre; vielmehr deshalb, weil ihr Leben nicht in den Grenzen der zeitlich-geschichtlichen Existenz beschlossen ist"[3].

Dass uns schon in der Gegenwart Heil geschenkt wird, welches bleibt, ist so ganz neu für uns nicht, denn die Gegenwart ist nicht nur Vorspiel für den Himmel. Die Gnade der Taufe ist schon der Anfang des ewigen Lebens. Als Beispiel könnten wir die fotografische Aufnahme betrachten: Wann „habe" ich das Foto? Habe ich es erst, wenn es entwickelt ist oder schon, wenn es „nur" aufgenommen ist?

Diese Eschatologie des Johannes müssen wir in der Vorstellung behalten, wenn wir darüber nachdenken, ob wir schon hier und schon jetzt in Gottes Leben hinein gezogen sind oder erst später und „dort".

Was hier begonnen ist, ist also von der gleichen Qualität wie das Leben, das wir nach dem Tod erwarten. Es wird nicht das ganz und gar Andere sein. Noch einmal: Der an die Auferstehung Glaubende *lebt,* auch wenn die Not des Sterbens ihm noch bevor steht..

Wenn Jesus bei seinem Abschied sagt, „ich lebe, und auch Ihr sollt leben". dürfen wir einen Zusammenhang sehen zwischen dem Leben des Herrn und dem Leben der Jünger und der Glaubenden überhaupt.

Dieser Zusammenhang besteht (erstens) in einer Abhängigkeit unseres Lebens von seinem Leben.

Dass wir in einem neuen Sinn „leben", ist sein Geschenk. Es besteht (zweitens) in einer Ähnlichkeit. Unser Leben in dieser Welt wird sich daran orientieren, wie Christus in unserer Welt gelebt hat. Wie hat Jesus gelebt? In einer kurzen Formel gesagt: „Ganz für Gott und ganz für die Menschen". Wenn sich also die Verheißung, dass wir leben werden, realisieren soll, werden wir diese doppelte Aufmerksamkeit lernen müssen.

Nun war natürlich die Aufmerksamkeit für den Vater beim Sohn unendlich intensiver als bei uns – es war seine Speise, den Willen des Vaters zu erfüllen – und seine Zuwendung zu den Menschen geschah bis zur Hingabe des Lebens. Die Formel „ganz für Gott und ganz für die Menschen" bleibt für unser Leben in der Nachfolge Jesu die Grundgestalt – freilich in Analogie. Die Heiligen – nicht nur die heilig „gesprochenen" – zeigen uns, wie das möglich ist. Und zwar in vielen Variationen.

6. Leben jetzt - wie soll das aussehen?

Wir dürfen uns fragen, ob wir wohl Spuren und Andeutungen des von Christus geschenkten Lebens jetzt, in unserem Leben in der Welt erkennen können. Obwohl unsere Probleme die gleichen sind wie in der übrigen Gesellschaft und wir Kinder unserer Zeit sind wie die nicht glaubenden Zeitgenossen, erscheint das Lebensgefühl glaubender Christen anders zu sein. Ich versuche es zu beschreiben mit den Komparativen: gelassener, „steter" (als Gegenteil von „unstet"), belastungsfähiger, krisenfester, geduldiger, vertrauender, eher auf einen guten Ausgang hoffend als andere Menschen, deren Lebenseinstellung dahin tendiert, ihr Leben als „die letzte Gelegenheit vor dem Nichts" zu betrachten. Ich meine das nicht-psychologisch, denn auch glaubende Christen fragen Gott: Warum? Aber sie fragen *Gott*. Sie haben ein Gegenüber.

Manche Leser werden das Hoffnungs-Gedicht „Immer wenn Du meinst, es geht nicht mehr, kommt von irgendwo ein Lichtlein her", kitschig finden, aber viele glaubende Christen können damit etwas anfangen. Gebildete mögen es lateinisch sagen, „Deus providebit". Es ist dasselbe: Gott wird die Sache in die Hand nehmen. Und manche von Ihnen haben schon einmal eine Geschichte erzählt bekommen wie diese, die ich zur Erinnerung in äußerster Kürze wiedergebe:

„Der ungläubige Arzt wusste, dass ich christlich bin.

Als er mir mitteilte, dass das Karzinom bösartig ist, sagte er mir beim Abschied: Ich beneide Sie um Ihren Glauben". Ähnliche Geschichtchen sind nicht so selten, wie man es in einem ziemlich glaubenslosen Land annehmen könnte.

Dass man von dem Leben, auf dessen verborgenem Grund jenes Leben, das uns Jesus zugesprochen hat, etwas bemerken kann, spricht schon der altchristliche Brief an Diognet, ein Brief aus dem 3. Jahrhundert, von dem wir nicht den Absender, wohl aber den Adressaten kennen. Es heißt darin, dass sich die Christen weder im Wohnort, noch in der Sprache, noch in den Gewohnheiten von den übrigen Menschen unterscheiden, „indem sie aber Städte von Griechen oder Barbaren bewohnen, wie es eben jeden trifft, und den einheimischen Gewohnheiten in Kleidung, Nahrung und sonstigem Leben folgen, zeigen sie doch eine wunderbare und offenbar seltsame Art in ihrem Wandel. Sie haben eine Heimat zu eigen und leben in ihr wie Fremdlinge. Sie haben an Allem teil wie Bürger und nehmen Alles auf sich wie die übrigen Einwohner. Jede Fremde ist ihnen Heimat und jede Heimat ist ihnen fremd…Sie wandeln im Fleisch, leben aber nicht nach dem Fleische.

Sie weilen auf Erden, sind aber Bürger des Himmels. Als Fremdlinge wohnen die Christen vorübergehend im Vergänglichen, erwartend die himmlische Unvergänglichkeit". „Wahres Leben" beginnt im hiesigen Bereich und wird an manchen Menschen bemerkbar.

Die christliche Rede vom Leben, das uns Gott durch Jesus schenkt oder – im Sinne des schon Erörterten – geschenkt hat, meint natürlich mehr als ein christliches und dadurch „getrostes" Leben in dieser Welt. Sie meint

Leben über diese Welt hinaus: gesteigertes Leben, ewiges Leben, Sie meint natürlich auch, und zwar vor allem, den „jenseitigen" Aspekt des Lebens.

7. Leben im Angesichte Gottes

Nun lassen Sie uns auf die Art von Leben blicken, das wir in einen Zusammenhang bringen mit der Verheißung, dass wir, wir vergängliche Menschen, „leben" sollen, nämlich bei Gott.

Zu unserem Glauben an das ewige Leben gehört zuerst eine negative Auskunft. Es übersteigt die Möglichkeiten unserer Vorstellung: „Kein Auge hat es gesehen, kein Ohr hat es gehört, in keines Menschen Herz ist gedrungen: Das Große, das Gott denen bereitet hat, die ihn lieben" (1Kor 2,9). Das heißt, Gott hat Gutes mit uns vor, das unsere Vorstellungen und Erwartungen übersteigt. Das müsste zunächst für die christliche Hoffnung genügen. Aber immer haben Menschen mit viel Phantasie versucht, gewisse Vorstellungen auszuprobieren, um zu sehen, was diese dafür leisten, leben im Himmel inhaltlich verstehbarer und anschaulicher zu machen. Sie haben das Unvorstellbare auch mit dem Wort „Hölle" versucht, was meines Erachtens leichter ist. In Dantes „Göttlicher Komödie" ist die Schilderung der Hölle eindrucksvoller als die des Himmels.

Nicht nur Kinder fragen manchmal: „Wie ist es so im Himmel?" Auch erwachsene Christen haben immer wieder glaubend ihre Phantasie angestrengt und versucht, sich ein Quäntchen, eine winzige Vorstellung von jenem

Leben im Angesicht Gottes zu machen. Damit so etwas aber nicht Spinnerei wird, ist zunächst an ein Dogma des Vierten Laterankonzils (1215) zu erinnern, das unser Gottesdenken überhaupt reguliert. Wir können über Gott (und den Bereich, der ihm vorbehalten ist) selbstverständlich nur analog denken.

Für dieses Denken gilt: „Von Schöpfer und Geschöpf kann keine Ähnlichkeit ausgesagt werden, ohne dass sie eine *größere Unähnlichkeit* einschlösse.“

8. Vorstellungshilfen

Ehe ich - mit aller Vorsicht - den Versuch mache, so zu sagen „vom Himmel zu erzählen“, entführe ich Sie in Gedanken in ein Haus am Meer. Es ist ein Herbsttag im Jahr 387. Der Rhetorikprofessor Aurelius Augustinus ist im Begriff, mit seiner Mutter Monika in den nächsten Tagen nach Afrika zurück zu fahren.

Monika aber ist sehr krank. Der Sohn berichtet: „Der Tag kam, an dem Monika aus diesem Leben scheiden sollte… Da geschah es, dass wir, sie und ich, allein beieinander standen, an ein Fenster gelehnt, von dem aus man in den Garten des Hauses schaute, in dem wir wohnten. Es war in Ostia am Tiber, wohin wir uns vor dem Menschengewimmel zurückgezogen hatten, um uns nach den Anstrengungen der langen Reise vor der Seefahrt zu erholen.

Wir unterhielten uns also allein in herzlichem Gespräch, vergaßen, was hinter uns lag, und streckten uns aus nach dem, was vor uns war. In Gegenwart der Wahrheit, die du [Gott] bist, fragten wir uns, wie wohl das ewige Leben der Heiligen sein wird, das ‚kein Auge gesehen und kein Ohr gehört hat und das keinem Menschen in den Sinn gekommen ist'. Mit dem Mund des Herzens dürsteten wir nach den überirdischen Fluten deiner Quelle, der Quelle des Lebens, die bei dir ist.“ [4]

Wir könnten auch an ein für den hl. Benedikt nicht ganz freiwilliges Nachtgespräch erinnern, das uns Gregor d. Große überliefert hat. „Scholastika, die Schwester des heiligen Benedikt, war von frühester Jugend an dem allmächtigen Gott geweiht. Sie pflegte einmal im Jahr zu ihrem Bruder zu kommen. Der Mann Gottes stieg dann hinunter zu ihr, zu einem Klostergut, nicht weit von der Pforte.

Eines Tages kam sie nach ihrer Gewohnheit, und ihr ehrwürdiger Bruder stieg mit seinen Schülern zu ihr hinab. Den ganzen Tag verbrachten sie im Lob Gottes und in heiligen Gesprächen. Als die Nacht herein brach, aßen sie miteinander. Als es über ihren frommen Gesprächen spät wurde, bat ihn die heilige Ordensfrau: ‚Bitte, verlass mich diese Nacht nicht, lass uns bis Tagesanbruch über die Freuden des Himmels sprechen'. Er aber erwiderte: ‚Schwester, was redest du da? Nein, nein, ich kann nicht außerhalb der Zelle bleiben!' Als die heilige Ordensfrau das Nein ihres Bruders vernahm, legte sie die Hände mit verschränkten Fingern auf den Tisch und beugte ihren Kopf über die Hände, um zum allmächtigen Herrn zu beten. Als sie den Kopf wieder vom Tisch erhob, herrschte ein derart gewaltiges Blitzen und Donnern, und ein solcher Regen brach los, dass weder der ehrwürdige Benedikt noch die Brüder, die mit ihm dabei waren, den Fuß über die Schwelle des Ortes setzen konnten, an dem sie beisammen saßen.

Da fing der Mann Gottes betrübt an, sich zu beklagen: „Der allmächtige Gott verzeihe dir, Schwester, was hast du getan?" Da antwortete sie: „Ich habe dich gebeten, und du wolltest nicht auf mich hören. Da bat ich meinen Gott, und er erhörte mich. Geh hinaus, wenn du kannst, verlass mich und kehre ins Kloster zurück!" Er aber, der freiwillig nicht bleiben wollte, blieb wider Willen, und so kam es, dass sie die ganze Nacht durch wachten und uns …in gegenseitigem Austausch erquickten.[5]

Wir dürfen uns anscheinend Gedanken über das Leben in der Vollendung machen, es scheint sogar dem Himmel zu gefallen. Es gibt aber auch eine gewisse (gute) Gottesscham, die uns hindert, solche tastenden Versuche vor eine größere Öffentlichkeit zu bringen.

9. Zeit und Ewigkeit

Beim Nachdenken über „ewiges Leben" kommt das Problem der Zeit ins Spiel. Eigentlich meint „ewiges" Leben das unvorstellbare Leben Gottes. „Ewigkeit" ist ein nur Gott zukommendes Attribut: „interminabilis vitae tota simul et perfecta possessio" wie Boethius gesagt hat[6], der vollkommene und unbegrenzte Besitz des Lebens in einem stehenden Jetzt. Ewigkeit im eigentlichen Sinn ist nicht nach vorn und hinten verlängerte Zeit. Ewige Vollendung kann nicht heißen: Ihr werdet sein wie Gott.

Aber wir werden *teilnehmen* am ewigen Jetzt der dreifaltigen Liebe. Wird es für die Erlösten so etwas wie „Zeit", sukzessive Dauer, Nacheinander, Veränderung, etwa Vertiefung unserer Gottesbeziehung geben?

Vielleicht hilft uns eine Erfahrung, die wir vermutlich trotz unserer gleichmäßig ablaufenden physikalischen Zeit schon einmal gemacht haben. Es gibt Bereiche unseres Lebens, in denen die Uhren anders laufen. Wir tauchen so zu sagen ein „in eine andere Welt".

Wir haben schon Erfahrungen gemacht, die wir wahrscheinlich so beschrieben haben: Die Zeit verging „wie im Fluge" oder: es war eine „bleierne" Zeit.

In der Welt des Spiels, der Kunst und des Eros gibt es andere Maße, z.B. „im 3. Akt", „in der 5. Runde", „beim 1. Kuss", „der letzte Tanz", „es war im schönen Monat Mai...", „beim Anblick des archaischen Torsos Apollos" (das Rilke-Sonett schließt: Du musst dein Leben ändern); das Umdenken auf eine andere Zählung des Lebens kann auch die Politik einbeziehen: „Am Tag als Stalin starb", „am Tag als die Mauer fiel."

Musik ist nicht nur – wie man gesagt hat – „Ordnung der Zeit", manchmal scheint es uns, als käme sie „aus einer anderen Welt". In unseren Träumen erscheint uns die Welt unserer Wachzeit aufgehoben. Nicht nur die Abfolge der Bilder erfolgt nach einer anderen Logik, sondern wir schauen auch andere, uns fremde Bilder.

In der Meditation bemüht sich ein Beter, sich intensiv dem Geheimnis Gottes auszusetzen. Zeit spielt da nur noch bedingt eine Rolle.

Das waren Andeutungen von Andeutungen. Lassen Sie uns nun versuchen, einige Hilfen für unsere Vorstellung zu nennen.

10. In Bildern und Rätseln

10.1. Das Paradies und die Stadt Gottes

Die heilige Schrift der Christenheit selbst bietet in Bildern Anregungen, über Menschen bei Gott nachzudenken. Ich weise zuerst auf die beiden großen Bilder am Anfang und am Ende der Bibel hin, das Paradies und die heilige Stadt, die vom Himmel auf die Erde herab kommt.

Gott gibt den Menschen einen Garten, für den sie Verantwortung tragen, sie spüren seine Nähe, denn er wandelt am Abend durch diese dem Menschen anvertraute und ganz auf ihn hin geschaffene Welt, in der sie zum Leben bestimmt sind.

Die Offenbarung des Johannes schließt mit einer eindrucksvollen Vision von der Heiligen Stadt:

„Ich, Johannes, sah die heilige Stadt, das neue Jerusalem, von Gott her aus dem Himmel herabkommen; sie war bereit wie eine Braut, die sich für ihren Mann geschmückt hat. Da hörte ich eine laute Stimme vom Thron her rufen: Seht die Wohnung Gottes unter den Menschen! Er wird in ihrer Mitte wohnen, und sie werden sein Volk sein; und er, Gott, wird bei ihnen sein. Einen Tempel sah ich nicht in der Stadt. Denn der Herr, ihr Gott, der Herrscher über die ganze Schöpfung, ist ihr Tempel, er und das Lamm.

Nichts Unreines wird hinein kommen, keiner, der Gräuel verübt und lügt. Nur die, die im Lebensbuch des Lammes eingetragen sind, werden eingelassen" (Offb 21.2-3; 22-27). Andere Bilder der Hl. Schrift sind etwa 'das große Gastmahl', die 'Speisung der Fünftausend' oder die 'Hütten' auf dem Berg der Verklärung.

10.2. Der Gesundheit wird man nicht überdrüssig

Wir bleiben noch einmal beim heiligen Augustinus. Er hat geradezu begeistert über die Hoffnung auf das kommende Leben gesprochen, über das Halleluja in der Osterzeit, bei dem wir schon ein wenig vom Jubel der ewigen Stadt genießen. Aber dann hat er ein Problem: Kann man des Jubels nicht überdrüssig werden?

„Wird es dort aber nicht ebenso sein, mit der Freude und mit dem Überdruss? Nein, nein! Vielleicht denkt einer: wie kann man denn ohne Langeweile immer die gleiche Freude haben?

Wenn ich dir in diesem Leben etwas zeige, was niemals Langeweile erregt, wirst du mir dann glauben, dass es dort ebenso ist?

Nun, du kennst Überdruss bei Speise und Trank, bei Vergnügen und sonst bei diesem und jenem – aber das Gesundsein langweilt dich nie.

So wirst du dort in der Ewigkeit der Liebe, Unsterblichkeit und Ewigkeit niemals überdrüssig werden."[7]

10.3. Loben und Preisen

Die Auskunft des Glaubens, dass wir im Himmel Gott loben werden, ist sicher richtig und dem Evangelium gemäß. Wir fragen, wie kann loben das Glück sein? Wer dann noch die Karikatur dieses Gotteslobes – Menschen in Nachthemden, Palmen schwingend und auf einer Wolke „Halleluja" singend vor dem inneren Auge hat, kann damit nicht nur nichts anfangen, sondern ist abgeschreckt. Wir müssen also nachdenken, was die beiden Wörter „loben" und „preisen" in einem tieferen Verständnis bedeuten.

Wir machen leicht den Fehler, dass wir uns Lob als eine Art Beifall, als Kompliment, als Ehrung zu festlichem Anlass vorstellen. So ist es normalerweise aber nicht. Es wird viel gepriesen und gelobt. Jeder Liebende preist das Mädchen seines Herzens, Autofahrer brauchbare Straßen, Bade-lustige die Sauberkeit ihres Sees.

Alles kann gepriesen werden: Landschaften, Weine, Menüs, Spiele, Städte, Kinder, Gelehrte. Dabei fällt auf, dass schlichte, seelisch gesunde Leute, aber auch tiefe, gescheite und demütige Menschen öfter etwas zu loben finden als Neurotiker oder Sonderlinge. Gutes möchte man weiter sagen. Lob ist geradezu ansteckend. Man sagt schon gute Alltagsdinge weiter: Da ist ein gutes Restaurant. Ist sie nicht entzückend? War dieser Film nicht großartig? Entzücken muss ausgedrückt werden. Deswegen sollte man nicht allein in eine schöne Gegend fahren. Man muss einen Menschen haben, zu dem man sagt: Schau Dir das an! Deshalb sagen sich Liebende, wie gut sie sich finden, aber nicht als Information. Das gilt schon angesichts unserer doch unvollkommenen Welt. Wie nun, wenn wir dem Vollkommenen gegenüberstehen? Würden uns die Freude und das Lob nicht zersprengen, wenn wir es nicht gestalten, singen, heraus schreien könnten?

Erst dann, wenn Alle mit einstimmen, hätte die Seele Ihre Seligkeit erreicht. Wir dürfen uns auch nicht vorstellen, im Himmel gehe es zu wie in einer Kirche. Was wir im Gottesdienst tun, ist nur der Versuch eines Versuches von Anbetung und Lob, ein kümmerlicher Anfang des Preisens, weil wir verhältnismäßig selten Freude an Gott – so zu sagen „chemisch rein“ – in unseren oft so wenig mitreißenden Gemeinden erleben. Wir spielen noch nicht, wir stimmen erst die Instrumente. Aber wer sich die Symphonie ein wenig vorstellen kann, für den ist schon das Stimmen vor dem Konzert voll Verheißung.

Bewunderung ist Antwort auf Schönheit. Das Gute „fordert“ Wertschätzung. Ein geistig wacher Mensch kann nur so reagieren.

Lob ist nichts anderes als die richtige Reaktion, die seinsgerechte Antwort auf schöne und gute Wirklichkeit.

Und wenn diese schöne und wirkliche Wirklichkeit Gott ist, werden wir so hingerissen reagieren, dass wir uns selbst vergessen.[8]

10.4. Abgrund der Herrlichkeit

Ein anderer Zugang setzt an beim Suchen und nimmt ernst, dass Gott unendlich ist. Wieder ist es Augustinus, der in beeindruckender Kürze den theologischen Zusammenhang von „suchen" und „finden" formuliert: „Wir suchen Gott, um ihn zu finden während unseres irdischen Lebens. Wir suchen Gott, nachdem wir ihn fanden, in der Seligkeit im Himmel. Damit wir ihn suchen, um ihn zu finden, ist er verborgen; damit wir ihn suchen, nachdem wir ihn fanden, ist er unermesslich".[9] Eine häufige Vorstellung der Glückseligkeit bei Gott ist die der Ruhe, der ewigen Ruhe, die wir am Grab dem Verstorbenen wünschen. Alles Laufen und Rennen, alle Sorgen, alle Unruhe des Menschen sind vorbei. Er ist an seinem Ziel angekommen. Das ist auch nicht falsch. Aber der Angekommene könnte fragen: Was nun?

Die Auffassung Augustins ist dynamischer. Der Mensch setzt sich in der Vollendung nicht zur Ruhe, sondern er stürzt sozusagen in den seligen Abgrund unendlicher Schönheit. Himmel ist nicht statisch, man bleibt nicht stehen in seiner Beziehung zu Gott, es gibt vielmehr eine sich bis in die Unendlichkeit steigernde Tiefe der Gottesbeziehung. Dass Himmel eher Bewegung ist als ein statischer Zustand, dass er dynamische Vertiefung in der Beziehung zu Gott und gewissermaßen Teilnahme an der Unendlichkeit bedeutet, gibt ein kleiner Text der heiligen Katharina von Siena (1347 - 1380) zu bedenken: „Du, ewige Dreifaltigkeit, bist ein tiefes Meer, in dem ich immer wieder Neues entdecke, je länger ich suche. Und je mehr ich finde, desto mehr suche ich dich. Gleichsam auf unersättliche Weise sättigst du die Seele; denn in deinem Abgrund sättigst du die Seele so, dass sie doch immer noch hungrig bleibt, nach dir, o ewige Dreifaltigkeit, verlangt und sich danach sehnt, dich, das Licht, zu schauen".[10]

10.5. Glück

Eine weitere Verständnishilfe setzt bei der Einsicht an, dass der Mensch zum Glück geschaffen ist.

Er kann im Laufe seines Lebens aber für seine Sehnsucht keine endgültige und äußerste Stillung finden. Die großen Lehrer der ungeteilten Christenheit – ich nenne vor allem Thomas von Aquin – sind nicht nur überzeugt, dass der Mensch ein Wesen auf dem Wege ist, sondern auch, dass sein Ziel Glückseligkeit ist. Er ist auf dieses Ziel von Gott her programmiert. Der Mensch will als geistiges Wesen die eigene Glückseligkeit - so wie der Stein in die Tiefe will, wie die Blume sich ins Licht wendet und das Tier auf Beute geht. Er will es naturhaft, auf Grund von Schöpfung.[11] Im Streben nach Glückseligkeit fallen Freiheit und Notwendigkeit zusammen. Noch einmal anders gesagt: Ich kann nicht wollen, nicht glücklich zu sein.

Das ist keine theologische, eher eine anthropologische Aussage. Diese Grund-Sehnsucht kann noch einmal von einer ganz anderen Seite her beleuchtet werden. In Platons „Symposion" sagt Diotima zu Sokrates: „Wohlan, Sokrates, wer das Gute begehrt, was begehrt der eigentlich?" Sokrates: „Dass es ihm zuteil werde." Diotima: „Was wird dem zuteil, dem das Gute zuteil wird?" Sokrates: „Das kann ich leichter beantworten; er wird glücklich." Diotima: „Ja, durch den Besitz des Guten sind die Glücklichen glücklich. Und es bedarf nun nicht mehr einer weiteren Frage, was eigentlich der erstrebe, der glücklich sein will, sondern hier ist die Antwort ans Ziel gelangt".[12] Den Besitz des Guten in der Welt gibt es in vielen Formen.

Der Trank für den Dürstenden, das Aufleuchten einer Erkenntnis, das Beisammensein der Liebenden, das Gelingen eines Werkes.

All das wird „Glück" genannt, aber es sind Hinweise auf eine endgültige Erfüllung. Eine vorläufige Stillung - von welcher Art sie auch sei - ist dem Menschen nicht genug.

Bei dieser Überlegung ist selbstverständlich vorausgesetzt, dass Gott selbst glückselig ist, ja, dass er die vollkommene Glückseligkeit nicht nur *hat*, sondern *ist*. „Gott und Glückseligkeit sind dasselbe".[13] Mag die geschaffene Welt sein, wie sie ist, was auch einschließt, dass sie verdorben ist. Aber ihr Ursprung und ihr Grund sind „in Ordnung". Die Begegnung mit dieser Glückseligkeit ist des Menschen endgültige Stillung, sein Ziel. Es hat viele Namen: ewiges Heil, ewige Ruhe, Glückseligkeit, letzte Vollendung, ewiges Licht, großes Gastmahl, Krönung, Friede. Eine Chiffre dafür ist im Frieden oder im „Himmel" sein.

Die Erlangung der Glückseligkeit geschieht nach der Lehre des heiligen Thomas und anderer Theologen des Hochmittelalters, aber auch schon des heiligen Augustinus und sogar des „Heiden" Plato im Schauen.

Es handelt sich offenbar um eine alte abendländische Weisheits-Tradition.[14] Schauen wir noch einmal in die Bibel. Während Mose zwar „von Angesicht zu Angesicht" mit Gott sprechen durfte, wurde seine Bitte „zeige mir doch Deine Herrlichkeit" (Ex 33,18) nicht erfüllt. Er darf aber in einer Felsenhöhle schauen, wie Gott vorüberzieht.

Während er vorüberzieht, verdeckt Gott ihn mit der eigenen Hand, die er dann zurückzieht: „So kannst Du meinen Rücken schauen, doch mein Angesicht darfst Du nicht sehen" (Ex 33,21f). Nach einer Aussage des Johannes aber besteht die Glückseligkeit darin, dass wir Gott sehen, „wie er ist" (1Joh 3,2).

10.6. Liebe

Werke der Literatur haben ihre eigenen Gesetze und ihre eigene Würde. Man stellt sie nicht in den Dienst anderer Zwecke. Sie sind an sich kein Hilfsmittel für „Etwas". Aber wenn es um die Liebe, um eine *ewige* Liebe vielleicht geht? Literatur vermittelt uns grundlegende Erfahrungen nicht nur vom Leben, Welt und Tod, sondern auch von der Liebe. Wir wählen deshalb aus diesem ausgewählten literarischen Themenfeld ein Gedicht und „verzwecken" es gleichsam in „katechetischer Absicht". Literarisch interessierte Leser mögen uns vergeben. Das Gedicht *„Ein Leben nach dem Tode"* von Marie Luise Kaschnitz erscheint schon aufgrund der Überschrift, welche die Dichterin ihm gegeben hat, in unsere Überlegungen über das Leben hinein zu gehören.

Der erste Teil lautet:

Glauben Sie fragte man mich

An ein Leben nach dem Tode

Und ich antwortete: ja

Aber dann wusste ich

Keine Auskunft zu geben

Wie das aussehen sollte

Wie ich selber

Aussehen sollte

Dort

Ich wusste nur eines

Keine Hierarchie

Von Heiligen auf goldnen Stühlen sitzend

Kein Niedersturz

Verdammter Seelen

Nur

Nur Liebe frei gewordne

Niemals aufgezehrte

Mich überflutend

Die Dichterin fügt an dieser Stelle die Erinnerung an einen vollkommenen Tag ein, den sie mit dem Geliebten am Meer verlebt. Es ist ihr irdischer Ausgangspunkt, der ihr hilft, sich Leben nach dem Tode vorzustellen. Wenn wir nicht ganz unaufmerksam durch unser Leben gehen, erfahren wir, dass es in unserer oft harten Welt immer wieder Situationen gibt, in denen wir dankbar erkennen, wie es ist, zu lieben und geliebt zu werden. Wir müssen in Ruhe nachdenken. Das Erlebnis irdischer Liebe ist ein Einstieg in die Vorstellung, wie Himmel die Erfahrung der Liebe Gottes sein könnte. Marie Luise Kaschnitz schildert jenen vollkommenen Tag in dichterischer Sprache so:

Kein Schutzmantel starr aus Gold

Mit Edelsteinen besetzt

Ein spinnwebenleichtes Gewand

Ein Hauch

Mir um die Schultern

Liebkosung schöne Bewegung

Wie einst von tyrrhenischen Wellen

Wie von Worten die hin und her

Wortfetzen

Komm du komm

Schmerzweh mit Tränen besetzt

Berg-und-Tal-Fahrt

Und deine Hand

Wieder in meiner

So lagen wir lasest du vor

Schlief ich ein

Wachte auf

Schlief ein

Wache auf

Deine Stimme empfängt mich

Entlässt mich und immer

So fort

Mehr also fragen die Frager

Erwarten Sie nicht nach dem Tode?

Und ich antworte

Weniger nicht.

Wem alle diese Vorschläge recht kompliziert erscheinen, der möge den Psalm 23 meditieren und die Geborgenheit, die von ihm ausgeht. Wenn er das, was er da liest, ins Große steigert, dürfte er die Ahnung einer Ahnung davon bekommen, was es heißen könnte, bei Gott zu sein.

Ich komme zum Schluss. Ich erinnere mich an einen Weihnachtsbrief. Ein alter Mann schloss die Schilderung seiner geistlichen Situation am Ende seines Lebens so: *„Die Sehnsucht wächst.“*

(Text:„Hoffnung auf Leben“, Franz Georg Friemel,
Adlerstein Verlag, 2012)

Anmerkungen

1. Rudolf Schnackenburg, Das Johannesevangelium II, Leipzig 1971, 69f

2. Margaret Fishback Powers, Spuren im Sand. Gießen [3]1999

3. Das Evangelium des Johannes. Göttingen 1957, 399

4. Confessiones 9,10f

5. Gregor der Große (+ 604), Aus den Dialogen über das Leben und die Wunder der italischen Väter. (liber dialogum de vita...2,33-34)

6. PL 63,1343

7. De civitate Dei, cap 22,30

8. vgl. C. S. Lewis, Vom Loben. In: Christliche Dimension, hg. von Elisabeth Antkowiak, Leipzig 1976, 197 - 204

9. Traktat zum Johannes-Evangelium LXIII, 1

10. Dialogus „de divina Providentia", Cap.167, Ingolstadt 1583. 290f

11. Thomas v. Aquin, Contra gentiles 3,100

12. Symposion 204e - 205a

13. Thomas v. Aquin, Contra gentiles 1,101

14. Josef Pieper, Glück und Kontemplation, München [3]1963; neu: J.P. Glück und Kontemplation. hg. von Berthold Wald, topos taschenbücher 766, Kevelaer 2012

15. Elisabeth Antkowiak (Hg), seismogramme, Leipzig 1981, 191f

Zu den Autoren

Klaus P. Fischer, geb. 1941 in Stuttgart, studierte Klassische Philologie, Philosophie und Theologie in Tübingen, Innsbruck, Paris und Frankfurt/M. Theologische Promotion und Habilitation am Institut Catholique de Paris bei Henri Bouillard SJ über die Anthropologie Karl Rahners ("Der Mensch als Geheimnis"). Mitglied des Oratoriums des hl. Philipp Neri in Heidelberg. Langjährige Tätigkeit in Pastoral, Religionspädagogik, Klinik-Seelsorge, Erwachsenenbildung, Kirchl. Rundfunkarbeit u.a.m. Diverse Veröffentlichungen zu Themen des Glaubens und christlicher Welt-Anschauung, wie *Gott und Teufel, Gott und Schicksal, Schöpfung – Naturwissenschaft, Tod und Auferstehung, Eucharistie und Abendmahl, Mensch – Gott – Kirche, u.a.m.* Lehrbeauftragter für Katholische Theologie an der Evangelisch-Theologischen Fakultät der Universität Heidelberg.

Franz Georg Friemel wurde 1930 in Waldenburg in Schlesien geboren und hat später das Gymnasium in Gronau in Westfalen besucht. Anschließend studierte er in Münster, München und Erfurt Philosophie und Theologie. In Neuzelle wurde er 1955 zum Priester geweiht.

Er war in Finsterwalde (NL) Kaplan, in Görlitz Diözesan-Jugendseelsorger, im Priesterseminar Neuzelle Subregens, in Görlitz Pfarrer.

Seit 1975 lehrte er bis zu seiner Emeritierung 1995 Pastoraltheologie, Katechetik und Homiletik am Philosophisch-Theologischen Studium in Erfurt. Von 1975 bis 2003 war er Pfarrer in Erfurt-Stotternheim. Seit 2003 lebt er im Ruhestand in Erfurt.

<u>Impressum</u>

„Das Grab ist leer!"
Texte zu Ostern
Adlerstein Verlag

Hrsg.:	Hans-Jürgen Sträter, Adlerstein Verlag Pfälzerstr. 53, 38112 Braunschweig www.adler-buch.de, verlag@adlerbuch.de
Verlag:	BoD · Books on Demand GmbH, Überseering 33, 22297 Hamburg, bod@bod.de
ISBN:	978-3-8192-2595-6
Druck:	Libri Plureos GmbH, Friedensallee 273, 22763 Hamburg
Coverbild:	Arthur Elser, Heilbronn
Ausgabe:	2025